Sophie
Pierre
Valentine
Raphaël
Bobby Beaupoil
Hector
Henri
Chapeau rond Rouge
Benjamin
Jean Toutou et Marie Pompon
Gaspard
Georges

Pour Jules

ISBN 978-2-211-09082-7
Première édition dans la collection « lutin poche » : mai 2008

Loi numéro 49 956 du 16 juillet 1949 sur les publications
destinées à la jeunesse : mars 2007
Dépôt légal : janvier 2014
Imprimé en France par Pollina à Luçon - n° L67394

Geoffroy de Pennart

Igor et les trois petits cochons

Kaléidoscope
lutin poche de l'école des loisirs
11, rue de Sèvres, Paris 6e

Les trois petits cochons sont musiciens.
Toute l'année, ils ont donné des concerts à travers le royaume
et ils reviennent chez eux, épuisés.

Au bistro de la gare, Christophe, le frère aîné,
prend la parole : « Enfin les vacances ! Dans le train,
j'ai partagé l'argent que nous avons gagné – ça fait une jolie somme
pour chacun de nous. »

« Moi, j'ai envie d'acheter une maison, d'autant qu'aujourd'hui… »
Mais il est interrompu par son frère cadet, Raphaël.
« Hourra ! Moi, je vais m'acheter une voiture ! »
« Et moi je vais faire la fête ! Vive les vacances ! »
ajoute Henri, le benjamin.

Tout excités par leurs projets respectifs,
les trois petits cochons quittent le bistro.

CAFÉ DE LA GARE

Christophe se rend promptement chez le marchand de maisons. « Ah, Monsieur », propose celui-ci, « je vous recommande cette maison de paille, très originale et très chaleureuse… ou bien une maison en bois, du dernier chic… il y a aussi la maison en béton armé… »

« Et bien sûr, nous avons cette ravissante maison de brique… »
« Ah ! Celle-ci me plaît ! Allons la voir. »

Christophe visite la maison, et très vite l'affaire est conclue.
« Quel beau cadeau d'anniversaire je me suis fait là !
Dommage que les frérots aient oublié… »

Raphaël non plus n'a pas perdu une seconde.
Le marchand d'autos est très convaincant.
« Ici, la célèbre Fox Trott décapotable… »

« … ou bien la Pachymobile. C’est une voiture très spacieuse…
ou encore la Zébra, très nerveuse… »

« Et celle-là ? »
« Splendide, n'est-ce pas ? Une cochonnette Deluxe.
C'est le véhicule idéal pour voyager. Il y a trois couchettes,
une cuisine et tout le confort… »
« Je la prends ! »

Et l’affaire est conclue.

Henri, de son côté, rend visite à tout le monde :
la famille Broutchou,

Chapeau rond rouge,

Sophie et ses amis,

Jean Toutou et Marie Pompon…

Pendant ce temps, à la fenêtre de sa nouvelle maison,
Christophe admire le paysage.

« Bon, eh bien puisque mes frères ont oublié mon anniversaire,
il ne me reste plus qu'à aller me coucher… »

« BOUM ! BOUM ! »

« Oh ! non ! Le loup ! Catastrophe ! Vite ! la porte de derrière ! »

À ce moment précis, son frère Raphaël arrive
dans sa cochonnette Deluxe.
« Ouf ! C'est toi ! Vite, démarre ! »

« Mais qu'est-ce que tu as ? » demande Raphaël.
« Regarde-moi cette petite merveille, trois couch… »
« Accélère, je te dis ! Il y a le loup qui me suit ! »

Arrivé en ville, Raphaël freine dans un épouvantable crissement de pneus.

Il entraîne son frère vers l'entrée d'un immeuble. Tous deux s'y engouffrent, suivis par Igor qui ne les lâche pas d'une semelle.

« SURPRISE ! BON ANNIVERSAIRE CHRISTOPHE ! »
« Pour une surprise, là, vous m'avez bien eu ! » s'écrie Christophe.

« Oh ! papa ! Toi aussi tu es invité ! »
s'exclame Lucas en voyant son père.

Tous les regards convergent vers Igor.

« Heu ! En fait… heu… je n'étais pas vraiment invité,
mais… heu… j'aime tellement les trois petits cochons et…
… je me demandais si je pourrais… heu… juste avoir un autographe. »

Mère Grand et Boris
Monsieur Lapin
Maurice et Lucas
M et Mme Broutchou
Igor
M et Mme Laprairie
Les 7 Chevreaux
Philippe
Gloria
Bab
Nestor

Pierre
Valentine
Sophie
Christophe
Douglas
Raphaël
Bobby Beaupoil
Henri
Hector
Chapeau rond Rouge
Benjamin
Jean Toutou et Marie Pompon
Gaspard
Georges